Lo que necesitas saber para tener éxito en los negocios.

Introducción

El propósito de este eBook es darle el proceso real, inédito y sin restricciones de cómo construir correctamente su negocio virtual de ladrillo y mortero en Internet. Voy a disipar el bombo y las mentiras sobre la comercialización del Internet para que usted comience en un campo de juego nivelado y tener una ventaja justa.

Usted sabe que se puede ganar dinero en este negocio, pero no como se ha descrito. Atrás quedaron los días de robar un sitio web y las compuertas del dinero se abren para ti. La gente aprende y es cautelosa a la hora de gastar su dinero y ser estafada. Hay mucha competencia y consumidores inteligentes con los que hay que lidiar, por lo que usted debe estar en la cima de su juego.

Hay tanta información disponible para ti en la red que no voy a regurgitar esa misma información para ti. Intentaré recomendar recursos que son gratuitos; sin embargo, es posible que no pueda hacerlo dependiendo del recurso en sí. Sólo sugeriré recursos que creo que son confiables, ya sea a través de mi propia experiencia personal o a través de personas muy respetadas que conozco en este negocio.

Además, aquí hay algo que también podrías sacar de tu cabeza ahora. Tendrás que gastar algo de dinero y no dejar que nadie te llene la cabeza con la idea de que no lo haces. Lo mucho que no puedo decir porque no conozco tus metas personales.

Pero les aseguro que cuando terminen de leer este libro tendrán una muy buena idea.

Acerca de mí

Déjame darte un poco de información sobre mí. Nací y crecí en la "Motor City". Mi experiencia ha sido en el sector automotriz y financiero por cerca de 20 años. Soy un trabajador duro y dedicado que pone mucho de mí en mi trabajo. Uno de mis anteriores empleadores sabía que podía depender de mí. Así que se apiló todo lo que pudo sobre mí, mientras dejaba que los demás se fueran. No recibía aumentos porque la compañía no ganaba dinero. En realidad, nadie recibió aumentos, excepto los miembros de su familia. Por lo tanto, me encontré literalmente odiando mi trabajo. Comencé a odiar trabajar tan duro para alguien más, pero cosechando minúsculas ganancias.

Un día me dije: "Sonja, si trabajas así de duro y te dedicas a que otra persona le gane millones de dólares, ¿por qué no puedo hacer algo por mí mismo? ¿Qué es lo que puedo hacer para cambiar el rumbo de mi vida? Después de todo, la seguridad laboral se ha ido, las compañías en esta ciudad están doblando con números récord, el mercado inmobiliario ha bajado y los precios de la gasolina se han disparado.

Así que rápidamente me familiaricé con mi lado empresarial; creo que siempre estuvo en mí. Comencé a investigar formas de capitalizar mis habilidades comerciales y técnicas. Así es como descubrí el mundo del marketing en Internet y no he mirado atrás. He aprendido una gran cantidad de información sobre este tema que no llegó sin obstáculos y obstáculos. Sin embargo, lo que sí tengo ahora es mucho más conocimiento y sabiduría para guiarme que cuando empecé.

Si usted es nuevo en la comercialización del Internet y quiere ganar dinero con su propio negocio de marketing en Internet desde casa, entonces usted está en el lugar correcto. Estoy aquí para ayudarte proporcionándote el conocimiento, las herramientas y los recursos para que puedas empezar a construir un negocio en línea exitoso de la manera correcta.

¿Cómo llegué aquí?

Cuando consideraste comenzar un negocio en Internet, apuesto a que fue porque leíste en alguna parte lo lucrativo y fácil que es empezar este negocio. Probablemente haya leído en alguna parte cómo alguien que ni siquiera sabía lo que era un ordenador hace 5 días está ganando ahora 10.000 dólares al mes. O puede que hayas visto un titular que decía "500 dólares al día - No se necesita vender". Estos dos ejemplos son exagerados, por supuesto, pero nos llevan a este punto. Si suena demasiado bueno para ser verdad, entonces probablemente lo sea, y más aún en Internet.

Pero por alguna razón somos atraídos a estas promociones por la promesa de mucho dinero. Nuestros sentidos nos dicen que no es verdad, pero nuestros deseos de salir adelante nos empujan hacia adelante de todos modos. Nos absorben repetidamente porque estamos buscando la fórmula mágica que nos dará nuestro día de pago. Estamos buscando desesperadamente el alivio de nuestros problemas de dinero y una línea recta para vivir nuestros sueños. Cuando se mezclan el deseo y la desesperación como parte de esta ecuación, el sentido común puede desvanecerse y entonces se convierte en algo así como jugar a la lotería. Y todos sabemos que las posibilidades de ganar son muy escasas.

Entonces, ¿por qué jugar a ese juego? Comencemos a pensar y a operar como una empresa multimillonaria en ciernes.

El Compromiso

¿Qué objetivos tienes en mente para tu negocio en línea, hobby o tiempo completo? ¿Planea mantener a su familia con estos ingresos o simplemente ganar algo de dinero extra? Dependiendo de sus objetivos, comenzar su negocio en línea puede requerir mucho tiempo personal de usted. Esto significa que usted tendrá que aprender a equilibrar su vida laboral, personal y de negocios en línea en las mismas 24 horas del día que tenía antes.

Una vez más, basado en sus metas y en lo agresivo que planea ser, ese tiempo puede ser de entre 2 y 40 horas o más por semana. Por ejemplo, 4 horas a la semana es tratar su negocio en línea como un pasatiempo y 20 horas a la semana le darán resultados serios. Y escúchame, estoy hablando de horas productivas SOLAMENTE cuando se trata de construir tu negocio.

En cuanto a la productividad: Tu mente puede engañarte fácilmente para que pienses que estás progresando, incluso cuando es obvio que no lo estás haciendo. Sigue leyendo....

Al principio, cuando me embarqué por primera vez en mi viaje de marketing en Internet, estaba leyendo y consumiendo mucha información. Mi cerebro era como una esponja y estaba absorbiendo tanta información que se desbordaba. Estaba absorbiendo la información para preparar mi próximo movimiento. ¿Cuál fue el proceso de preparación? Era leer correos electrónicos, seguir los enlaces en los correos electrónicos resultando en una navegación sin rumbo, leer los foros (sin publicar sólo lectura), organizar mi escritorio, etc.

Eso no es tiempo productivo y no debe ser incluido como un "precio" de hacer negocios. Hice todas esas cosas pensando que estaba progresando. El único progreso que hice fue vivir otro día. No se acostumbre a pensar que este tipo de actividades le están haciendo justicia.

pero tiene que establecer un horario sobre cuándo y cuánto tiempo dedicará a las tareas de tipo administrativo. El tiempo productivo se considera una tarea que resulta en ganar dinero, como construir un sitio web o escribir un artículo para su publicación.

Hay una fórmula simple para recordar cuando se gana dinero. Es tan simple que podemos olvidar, negar o incluso dar por sentados los beneficios de su existencia:

Productividad = Acción

Acción = Resultados

Resultados = Dinero

Errores comunes cometidos por los nuevos vendedores

Suspiro.....Si supiera entonces lo que sé ahora, las cosas serían tan diferentes. He cometido muchos errores a lo largo del camino, algunos de ellos me han costado dinero, y otros me han costado tiempo. Era una pérdida de tiempo que podría haber estado ganando más dinero y acercándome a mi sueño. Algunos de los obstáculos no eran tan obvios hasta después del hecho, pero si los conoce de antemano, puede tomar medidas para evitarlos o superarlos rápidamente. Antes de seguir adelante, repasemos algunos de los errores más comunes para que pueda reconocerlos fácilmente y tomar medidas correctivas inmediatas.

Robadores de foco

A medida que empiece a construir su negocio, la vida tal como la conocía antes va a cambiar. Y como estos cambios se manifiestan, tendrás que encontrar maneras de asegurarte de que estos cambios no se conviertan en "ladrones de foco".

¿Qué es un ladrón de focos?

Es una actividad, una persona, o una cosa que le quita el enfoque a la construcción de su negocio, y frecuentemente de una manera sutil. Sí, a veces te pueden robar la concentración delante de tus narices.

¿Dices que me lo robaron delante de mis narices?

Absolutamente y sucede cada segundo del día. ¿Alguna vez ha estado en medio de una tarea concentrada intensamente y luego ha sonado el teléfono? Ves un número familiar en el identificador de llamadas, así que coges el teléfono. Usted tiene la mejor intención de hablar sólo durante 3 minutos, pero se convierte en 30 minutos.

Por fin cuelgas el teléfono para volver a tu trabajo. Pero ahora tienes que averiguar exactamente dónde lo dejaste. Y luego tienes que volver a construir el ímpetu hasta tu nivel de concentración antes de la llamada telefónica. Para cuando llegues a ese mismo punto de nuevo, habrán pasado otros 15 minutos. Ha perdido 45 minutos por una llamada telefónica. Situaciones como esta las llamo ladrones de concentración.

Esto puede no parecer mucho tiempo para algunas personas, pero recuerde que el tiempo es lo que usted nunca podrá recuperar. Así que si eres como yo y sigues trabajando a tiempo completo, esos 45 minutos pueden marcar la diferencia entre lo que yo logre hoy y lo que logre mañana. Prefiero los logros de hoy que los de mañana.

El mismo escenario puede repetirse con el correo electrónico. Usted se está concentrando mucho en las tareas que tiene entre manos. Y luego lo ves. Ese pequeño mensaje de fragmentos que se dispara desde la barra de tareas te alerta de un correo electrónico que has estado esperando. Usted va a leer ese correo electrónico y hay un enlace en el correo electrónico. Haces clic y lo siguiente que sabes es que otros 30 minutos se han ido.

Si empiezas a resumir estos robos de foco verás que se ha agotado una cantidad considerable de tiempo en cosas que no te traerán un retorno. De hecho, le llevan más lejos de alcanzar sus objetivos de negocio.

¿Qué puedo hacer para evitar que esto suceda?

Concentrarse y lograr sus objetivos sólo es posible cuando se anotan. Simplemente pregúntele a CUALQUIER persona exitosa; y ellos lo confirmarán, porque ellos practican este sencillo procedimiento con resultados asombrosos. Asegúrese de leer sus metas todos los días para mantenerse constantemente al tanto de su objetivo.

No puedo empezar a decirte lo mucho que juega el enfoque en el éxito tanto en tu vida personal como en tu vida de negocios. Al principio, pensé que se trataba de un montón de tonterías, pero luego empecé a ver algunos resultados de la concentración.

Las personas exitosas practican el arte del enfoque. Sin concentración, no puedes alcanzar tu objetivo a menos que sea un accidente. Eso significa que usted se balancea y batea en el aire y, con la esperanza de que la suerte de esa dama te ilumine con su luz. Seguir esta ruta es dejar tu éxito abierto al azar. ¿Es eso lo que realmente quieres hacer?

Escriba algunas metas a corto y largo plazo. El corto plazo debería ser algo dentro del próximo mes y el largo dentro de un año. Sea realista al establecer sus metas para mantenerse en línea con la realidad. En otras palabras, no pienses que vas a ser una estrella de rock en 30 días si nunca has cantado o tocado ningún instrumento. Esa es una meta poco realista que lo pondrá en modo de fracaso muy rápidamente.

Este es un camino de éxito, así que mantengamos los pies bien plantados en este sendero. Aprenda a reconocer a un ladrón de foco y tome las medidas correctivas para volver a encaminarse. Anota lo que fue el ladrón de foco y cómo cambiaste tu curso de acción. Téngalo a mano para que pueda consultarlo cuando y si vuelve a ocurrir.

Aprender a concentrarse no tiene por qué ser difícil. Voy a sugerir una de las herramientas que uso diariamente para mantener mi enfoque y mis objetivos claramente a la vista. El programa que utilizo es la simpleza. Este es un programa increíble que le enseña cómo poner orden en su vida y negocio para ayudarle a alcanzar sus metas. Y lo mejor de todo es que este programa es gratuito. Le animo a que participe en este programa y utilice las herramientas gratuitas que se le proporcionan. Si sigues las instrucciones, no veo cómo puedes fallar.

En las siguientes páginas hay algunas razones comunes que impiden que la gente dé pasos positivos hacia adelante para construir su negocio. Imprímalo y manténgalo a la vista en todo momento. Usted debe revisar con frecuencia para asegurarse de que está en el camino correcto. Usar esto será un recordatorio constante de dónde debe estar su enfoque.

El Retenimiento

¿Qué es lo que me impide tener éxito? Pensando que todavía no sé lo suficiente como para "salir" y tomar medidas.

Usted puede sentirse de esta manera porque piensa que no ha aprendido lo suficiente, por lo que no es el momento adecuado para salir. Usted puede sentir que al salir de la casa en esta etapa se producen errores y que no quiere cometerlos. Yo también sentí lo mismo una vez y un día me di cuenta de algo. Tienes que empezar por algún lado. Si siguiera usando la misma excusa de siempre, nunca haría nada. Siempre hay un punto de partida y todos los nuestros serán diferentes. Los gurús no empezaron sus negocios sabiéndolo todo y tú tampoco lo harás.

Siempre habrá algo que no sabes y dejar que esta sea la única razón para no seguir adelante te mantendrá fuera del negocio. No saber todo no debería frustrarte hasta el punto de no hacer nada en absoluto. Si este es el caso, tal vez debería reevaluar sus circunstancias para averiguar *por qué es así. Piensa en un proyecto especial que empezaste en tu vida, recuerda que en un momento dado empezaste con poco conocimiento de ello. Ahora piense en lo que sabe actualmente sobre ese tema. ¿Sabes más ahora de lo que sabías cuando empezaste con ese tema? Y a medida que realizabas las tareas más y más te volvías mejor.*

en ello? Bueno, ¿adivina qué? Las mismas cosas sucederán en su negocio, así que sólo tiene que empezar.

Empiece a mirar las situaciones con una visión positiva. En lugar de considerar un error como un fracaso, piense en cómo puede aprovecharlo. Piense en cuántas veces ha escuchado a personas exitosas decir que un fracaso fue la razón por la que finalmente tuvieron éxito. Una vez que se haya decidido por un plan, lea, observe y escuche SOLAMENTE las fuentes que estén RELACIONADAS con su plan.

Quedar atrapado en el análisis de la parálisis

Este es un escenario cuando usted lee, ve un video o escucha una grabación de audio. Bien, entonces lee, mira un video y escucha una grabación de audio. Usted hace esto unas 10 veces más en un lapso de un par de meses y ese es su análisis de parálisis.

Actúe a partir de lo que ha leído, visto y escuchado. Realmente no hay otra respuesta. Tienes que realizar algún tipo de acción aunque sea incorrecta. La clave es hacer algo. El resultado final es que cometerás algunos errores y, por lo tanto, ¿qué pasa si lo haces? Utilice las lecciones que ha aprendido como trampolín para construir su negocio.

Haga que esas lecciones funcionen para usted. Lleve un diario de las lecciones que ha aprendido y haga un informe o un libro electrónico de las mismas. Ahora estas lecciones se han convertido en otra fuente de ingresos para usted.

Siendo la "jota de todos los oficios" y "el maestro de ninguno".

Conoces a la persona de la que estoy hablando. Es un pintor, fontanero, techador y ejerce como abogado. Ahora se da por sentado que puede ser bueno en todo esto, pero `bueno' no es suficiente a veces. Cuando busco a alguien para los servicios, quiero a alguien que sepa todo lo que hay que saber sobre el servicio. Quiero que me proporcionen una opinión experta y consejo para que pueda tomar una decisión sobre lo que es mejor para mí. ¿Qué pensaría usted si se enterara de que su médico también hizo reparaciones profesionales de plomería, techos y automóviles a un lado?

¿Querrías que ese doctor te hiciera una cirugía mayor? Creo que no. Sé que no confiaría en él para que fuera mi cirujano. De hecho, no confiaría en él para hacer mucho de nada. ¿Cómo puede ser un experto profesional de una cosa si tiene las manos en todo? Podría ir a verle con neumonía y podría diagnosticarme con un resfriado leve.

Mi impresión de él es que está tratando de ganar dinero por cualquier medio necesario, y que no está interesado en darme un servicio de calidad, sino sólo en lo que puedo pagarle. Mi intuición me dice que si lo contrato para algo, es muy probable que no esté satisfecho porque él no se especializa en nada. No ha adquirido suficientes conocimientos y experiencia en una o más áreas comunes para convertirse en un experto.

La gente pensará lo mismo de ti cuando se den cuenta de que estás vendiendo cualquier cosa y todo lo que hay bajo el sol. La gente quiere opiniones expertas porque quieren lo mejor para ellos... no quieren ser aprovechados.

Está bien empezar a generar diferentes corrientes de ingresos hasta que descubra exactamente dónde quiere concentrar sus esfuerzos. Sin embargo, debe tener en cuenta que va a tener que afinar en áreas que tienen enlaces lógicos a uno de ellos.

En otras palabras, asegúrese de que está comercializando sus productos al grupo correcto. Por ejemplo, si usted vende recetas de carne a los vegetarianos, la probabilidad de que usted "se haga rico" en este nicho es bastante baja. Pero puedes ser un poco creativo.

Si usted está comercializando lámparas y accesorios de iluminación, ¿por qué no comercializar bombillas también? Seguramente la gente que compra estas lámparas y aparatos de iluminación necesitará bombillas. Si usted está comercializando plantas de interior, también puede comercializar macetas de diseño a las mismas personas. Esto es lo que yo llamaba los enlaces lógicos. Usted está buscando personas que compran el artículo A pero también necesitan el artículo B o el artículo C.

Tratar de ganar dinero en demasiadas fuentes de ingresos antes de dominar una.

Al aprender la comercialización del Internet usted tiene que dominar algunos conceptos básicos antes de que pueda pasar a los métodos más avanzados. Hay tantas maneras diferentes de ganar dinero que usted puede quedar atrapado en el malabarismo de demasiados métodos y terminar sin ganar un centavo. La creación y gestión de un negocio en Internet puede ser todo un reto, y con la presión añadida de la "curva de aprendizaje", definitivamente tendrá mucho que hacer. Cuantas más empresas de negocios en Internet te involucres desde el principio sin dominar cada una de ellas, más posibilidades tendrás de adelgazar y ralentizar tu progreso.

Es como cuando eras un bebé. Primero tenías que aprender a voltearte, luego gatear, luego caminar y luego correr. ¿Te imaginas a un bebé que intenta correr pero que aún no ha aprendido a darse la vuelta? El bebé todavía tiene otras cosas que aprender mientras se prepara para empezar a correr. Tiene que aprender a mantener la cabeza en alto, a controlar sus extremidades, a sostener el biberón, y a comunicarse. Será lo mismo con su negocio. Tienes mucho que aprender y hacer malabares, así que empieza con unas pocas fuentes de ingresos, domínalas y luego añade más.

¿Eres un Windows o un Dos Mind?

Anteriormente hablé de hacer malabares con las muchas tareas diferentes que tendrás mientras manejas tu negocio; y son muchas. ¿Cómo maneja tu cerebro todo esto? ¿Cómo manejas mentalmente todo esto? John Delavera escribió un excelente artículo comparando nuestras mentes con nuestras computadoras, y también dándole una idea de lo que se necesita para operar su negocio. Aquí está:

Cuando Windows (R) no existía, lo hacía'Disk Operating System' (DOS.)

El DOS es negro. Las ventanas son coloridas.

En DOS, sólo se podía ejecutar 1 comando. Windows introdujo el entorno "multitarea".

Así que en DOS, tenías que seguir un plan paso a paso para alcanzar tu objetivo, que podría ser ejecutar un nuevo juego, abrir una nueva aplicación, etc.... Había un cursor, no como el cursor del ratón hoy.... Fue esto: C:_ y el símbolo _ parpadeaba, esperando su orden.... Quiero decir que toda la pantalla era negra, algunas otras verdes, y lo único que se veía era el guión bajo _ parpadeando....

Podrías escribir a máquina: C:help y se mostró una lista de los comandos que se podían introducir.

Podrías escribir a máquina: C:ejecute thisgame.exe y la aplicación thisgame.exe se ejecutará o se mostrará este mensaje: C:estejuego.exe no se encuentra.

Sólo esto fue mostrado....

No importa lo que querías hacer, tenías que.... declarar tu deseo a ese cursor parpadeante y si escribías el deseo correcto, entonces el resultado vendría... de lo contrario, obtendrías el rechazo....

Si usted cometió un error en DOS, nadie le perdonaría o le ayudaría. Estás solo, mirando la pantalla negra con el cursor blanco parpadeando después de una frase como "Ha ocurrido un error...", o algo similar.

Lo mismo se aplica cuando se programa en DOS. BASIC fue el primer lenguaje presentado por Microsoft(R) para Home Computers....

BASIC utiliza filas numeradas de comandos y los ejecuta uno por uno en una fila. Un programa en BASIC se vería así - no recuerdo los comandos correctos, pero te daré una idea:

10 crls 20 dir 30 print "Hola gente" 40 end

Cuando terminó de escribir el comando '40 end' y presionó la tecla ENTER, el cursor estaba esperando una orden....

C:_ Ese fue el momento de guardar el programa en el propio disco y luego ejecutarlo (haciendo del programa una aplicación ejecutable [.exe]).... El "programa" anterior borraría la pantalla y escribiría "Hello people"... Nada especial. Así que si tuvieras que añadir nuevo código, encontrarías el código crudo correcto e incluirías un nuevo código crudo numerado para ejecutar el nuevo comando, así:

35 imprimir "Un programa tonto"

y así sucesivamente....

Pero Windows...

Windows puede decirle cuál es el error, al menos qué programa no funcionó correctamente y produjo el error.

También puede usar una interfaz DeskTop para programar en Windows.... con botones y elementos de formulario listos para usar... simplemente arrastre y suelte el botón en su área de dibujo en Visual Basic (Microsoft creó este lenguaje de programación y aún así lo soporta), que a su vez "traducirá" las filas numeradas de comandos a cualquier acción(es) que se supone que los comandos deben realizar, y el programa ejecutará la(s) acción(es).....

En Windows, puede abrir 10 programas y trabajar con todos ellos al mismo tiempo como la forma en que una abeja vuela de flor en flor....

¿Con qué sistema operativo se relaciona tu cerebro?

¿DOS?

¿Toma usted "su tiempo" yendo de una orden a otra en lo que hace con sofisticadas filas numeradas de decisiones? ¿Necesita un entorno sencillo en el que pueda vivir y trabajar sin que le distraigan las luces, los ruidos y las ventanas emergentes?

¿O Windows?

¿Puede manejar exitosamente múltiples proyectos, ser capaz de ejecutarlos todos y llegar a su fin sin tener miedo de fracasar? ¿Un proyecto alimenta al siguiente? ¿Te sientes feliz

cuando abres 10 ventanas en tu navegador y navegas de un sitio a otro con la sensación de que hay todo un mundo en la red, puedes explorar AHORA?

¿Qué sistema operativo soporta tu cerebro? Hablando por mí....

Yo soy... Ventanas.... XP:-)))

Si eres una mente DOS, ¿alguna vez has sentido la necesidad de "actualizar"?

Feliz Comercialización!

Escuchando las opiniones de todos los gurús.

De hecho, escuchar no está mal. A veces es un prerrequisito. El problema existe cuando se adoptan TODAS las opiniones. Necesitas mantener a aquellos que encajan con tus planes; apegarte a los gurús que te expresan mejor... y simplemente escuchar a todos los demás por cultivar una mente crítica.

Todos tienen opiniones sobre qué método de práctica creen que es el mejor. Si escuchas y sigues la dirección de demasiados gurús, sólo zigzaguearás de un lado a otro en lugar de seguir adelante. El zig-zag crea confusión dentro de usted mismo y dificulta la toma de decisiones sensatas y críticas sobre su negocio. Tu confusión te lleva a la "siguiente mejor cosa" porque estás buscando claridad. Usted está buscando ayuda para que usted también pueda tener éxito.

Antes de que te des cuenta, estás atrapado en un ciclo viscoso de búsqueda del siguiente mejor producto que te dará claridad. Usted termina gastando su dinero comprando todos estos productos persiguiendo su sueño y yendo a la quiebra al mismo tiempo. Yo he hecho exactamente lo mismo, así que aquí hablo por experiencia.

Las decisiones como propietario de un negocio son difíciles y a veces francamente confusas. Usted sólo debe considerar las opiniones de aquellos a quienes respeta y cree que se preocupan por su bienestar. Sólo porque él/ella sea un gurú no significa que llegaron allí con los mismos principios con los que tú te encuentras.

Guarda tu dinero y deja de comprar todo lo que ves. Las ganas de comprar seguirán ahí, pero hay que resistirse. Usted necesita trabajar en un proyecto a la vez de principio a fin antes de tomar otro. Siempre habrá la siguiente mejor cosa que se avecina. Prepárese para crear su propia mejor opción.

Crear tu propia mejor opción significa crear tus propios productos. Esa es la clave del éxito en la red y voy a contarte acerca de una membresía más adelante que te ofrece TODO lo que necesitas para crear con éxito tus propios productos.

Planificación

El primer paso en cualquier empresa de éxito es la planificación, ya sea que usted esté en línea o no. Planificar es simplemente poner en papel una hoja de ruta que lo lleve de la A a la Z. A veces, en nuestra prisa y entusiasmo por establecer y dirigir nuestro propio negocio, olvidamos u omitimos ciertos pasos. Esos pasos que faltan a veces pueden conducir al desastre y peor que eso, su dinero duramente ganado enviado directamente por el desagüe. Me ha pasado a mí, así que también tengo experiencia personal con éste y no es nada divertido.

Así que mi pregunta para ti es: ¿harías un viaje a un lugar a 12 horas de distancia que nunca habías estado antes sin un mapa de carreteras? No, porque hay una alta probabilidad de que te pierdas. Y una vez que te pierdas, tendrás que encontrar a alguien que te indique el camino a donde quieres ir. Pero espera un minuto, no escribiste tu destino. Así que cuando finalmente encuentras a alguien que te puede ayudar, no puedes darle los detalles exactos de dónde quieres ir. Todo lo que tienes es una "idea" de la dirección y la ubicación.

No podrías señalar tu destino aunque lo vieras muerto. Ni siquiera sabes cómo es tu destino. No puedes reconocerlo porque no hiciste un mapa para mostrarte el camino. Quiero decir que usted puede ser capaz de identificar una ubicación cerca del estadio, pero eso no es suficiente. Tu mapa te guía a lo largo del camino y te ayuda a reconocer tu destino exacto cuando llegues allí.

Esta misma teoría se aplica a su negocio en línea. Usted tiene que saber dónde se encuentra actualmente para llegar a su destino final. Todas las personas y negocios exitosos también tienen esto en común... todos tenían un plan. No dieron un paseo por el camino de ladrillos amarillos con visiones de grandeza de que el éxito se convierten fácilmente en sus amigos; ellos sabían más que eso. Ellos elaboraron un plan deliberado para asegurar su éxito, y usted debe hacer lo mismo.

Deberías acostumbrarte a seguir el ejemplo de las personas que han llegado a donde quieres ir, y no de las personas que están a tu lado y detrás de ti dándote consejos. Conoces a la gente de la que estoy hablando. Es su vecino, compañero de trabajo o miembro de la familia susurrándole al oído que la idea que usted tiene de comenzar su propio negocio va a fracasar, y que usted debe simplemente trabajar en su trabajo y olvidarse de esas "cosas". Y si mencionas que no sólo quieres empezar tu propio negocio, sino que es en el marketing en Internet, realmente van a tratar de pisotear tus sueños como si estuvieran apagando un incendio forestal.

Van a tener muchos chistes y comentarios negativos, así que prepárate para ello. Debido a esto, no le dije a nadie acerca de comenzar mi negocio en Internet. Sabía que tenía un negocio que construir y realmente no quería la distracción y la inyección constante de veneno (comentarios negativos) de la galería de cacahuetes. Siempre me sorprende que la gente que siempre te dice que no puedes hacer algo sea la que nunca intentó hacer algo por sí misma. Creo que es porque no entienden el 'negocio', y mucho menos este negocio y equiparan *nuestra actividad en la computadora con el 'juego' y nada que ver con el dinero.*

Muchas personas están satisfechas con su estilo de vida y tienen miedo de salir por miedo al fracaso. Y no sólo el miedo al fracaso, sino el miedo al fracaso con el ridículo. Creo que es natural tener este tipo de sentimientos, pero también debemos tener el valor moral para superar este obstáculo. Quiero decir, si lo piensas en sus términos más simples, el miedo al fracaso y al ridículo, es simplemente estar demasiado preocupado por lo que los demás piensan de ti.

Cuando tienes miedo de fallar, pierdes la perspectiva de tomar decisiones decisivamente en lugar de emocionalmente. Las decisiones impulsadas emocionalmente en los negocios rara vez resultan en el éxito.

¿Ha escuchado que el porcentaje de personas que poseen negocios vs. las personas que son empleadas por las empresas... es algo así como el 5%? Esto significa que el 95% de la población está empleada por otra persona; estas personas están y seguirán trabajando en un EMPLEO. Así que su perspectiva no es como la de ustedes que están en el 5%.

Necesitas empezar a buscar el 5% de los individuos con ideas afines y alinearte con ellos. De esta manera usted puede comenzar a construir relaciones y alianzas que lo beneficiarán a usted y a ellos en un futuro cercano. Usted comenzará a intercambiar información y aprender las cuerdas de la comercialización del Internet.

Más tarde, voy a hablar de un lugar donde usted puede interactuar con otros vendedores del Internet más adelante....

Desde el punto de vista financiero

Así que usted ha tomado la decisión de que va a empezar su negocio y usted está entusiasmado con la idea de tener su sitio web para que pueda empezar a ganar un poco de dinero. Sólo quieres probar un pedacito de pastel ahora mismo. Bueno, déjame hacerte esta pregunta. ¿Has oído alguna vez el dicho de que "se necesita dinero para hacer dinero"? Bueno, es verdad. Lamento romper tu burbuja pero te dije que disiparía muchos mitos sobre este negocio. Ganar dinero sin gastar NINGÚN dinero se ubica en la cima de la falsedad.

Lea y entienda la siguiente frase:

Usted tendrá que hacer flotar su negocio del dinero que gana (su cheque de pago actual) ahora hasta que empiece a obtener una ganancia.

Financieramente hablando para la mayoría de nosotros, comenzar un negocio significa que (1) usted tendrá gastos antes de tener un ingreso del negocio, y (2) usted tendrá un ingreso antes de recibir una ganancia. En lenguaje no técnico, esto significa que el dinero que usted está haciendo ahora mismo de su trabajo o lo que sea que haga para ganar dinero tendrá que pagar por los costos de hacer su negocio en Internet. Algunos de los gastos ya se tienen en cuenta dentro de su presupuesto, por ejemplo, su factura de cable. Es un gasto y un costo regular de hacer negocios en la red.

Oh no, ¿dije la palabra con "B"? Sí, creo que sí. La terrible palabra "presupuesto" que mucha gente desaprueba. Pero en este punto en la coyuntura es parte de la columna vertebral de su negocio. Sin esto, su negocio puede desmoronarse.

Realmente estoy poniendo mucho énfasis en apoyar su negocio desde su principal fuente de ingresos. Debe ser claro en este tema.

Usted tiene que abordar el inicio de este negocio desde el punto de vista de saber exactamente dónde se encuentra financieramente a partir de hoy. Usted debe saber cuánto dinero le queda después de que se hayan pagado todos sus gastos personales. Usted debe saber dentro de una fracción de cuánto son los gastos de su negocio en una base mensual.

Cuando usted ha descubierto esto usted estará en una mejor posición para juzgar en qué áreas de la comercialización del Internet usted puede empezar. Hay diferentes rutas que usted puede tomar para comenzar como el pago por clic, la comercialización del artículo o la comercialización del afiliado. Sé que estos términos pueden ser extraños para algunos de ustedes, pero más adelante les explicaré cuáles son. Así que dependiendo de lo que su dinero disponible es para hacer frente a su negocio determinará qué opciones son las mejores para usted en este momento. ¿Entiendes adónde voy con esto?

Uno de los primeros pasos a dar es determinar cuánto dinero tiene mensualmente para invertir de manera realista en su negocio para que despegue. La única forma de hacerlo es elaborar un presupuesto. Sé que a veces esto puede ser un proceso difícil, pero realmente no tiene por qué serlo. Realmente debe ser visto como una herramienta para ayudar a guiarlo a su destino (vida de ensueño) de manera segura.

He creado una sencilla plantilla excel para que usted pueda entender claramente sus finanzas personales actuales. Después de completar esta plantilla, usted habrá determinado cuánto dinero tiene después de haber pagado sus cuentas. Confía en mí; estarás en una posición mucho mejor para seleccionar los tipos de negocios que puedes perseguir de manera realista ahora.

Y si usted determina que no tiene suficiente dinero ahora para el negocio que anticipó comenzar, no se desespere. Esto significa que no puedes hacer ese negocio ahora. Sin embargo, usted está entrando en el negocio para hacer dinero, ¿verdad? Por lo tanto, tan pronto como empieces a ganar dinero puedes reinvertir ese dinero en el negocio que realmente quieres. Recuerde que tenemos que usar escalones de vez en cuando para alcanzar nuestras metas.

Comprenda su situación financiera hoy para poder planificar una migración permanente a su nuevo destino: la vida de sus sueños.

La marca de su negocio

¿Qué es el branding? La marca es tener una marca o nombre distintivo que la gente reconoce instantáneamente. No se trata de darle una vuelta a lo que eres. Se trata de transmitir a la gente lo que te hace diferente y mejor que lo que otra persona tiene para ofrecer. Es una promesa de algún tipo de valor para el cliente. Piensa en Nike y su símbolo de ese silbido. Puedes ir a cualquier parte del mundo y ver ese silbido y saber al instante que es Nike. Puede que te preguntes: "¿Por qué tengo que pensar en marcar, sólo soy un chiquillo?" Bueno, piénsalo desde el punto de vista del cliente e incluso desde el tuyo propio. Si vas a la tienda a comprar algo y ves dos productos similares, pero uno tiene un nombre o símbolo que reconoces y el otro no. ¿Cuál vas a comprar? Lo más probable es que usted elija el que le resulte más familiar.

Bueno, sólo aplica esa teoría a tu negocio. Vas a estar en un mar de gente como tú. ¿Cómo vas a destacar entre la multitud y hacer que la gente quiera comprarte a ti en vez de a otra persona? Se llama su marca. Además, una vez que lo establezca, usted se familiarizará más con la gente que está lista para gastar su dinero.

Permítanme contarles la historia de cómo nació mi marca. Me llevó un tiempo reflexionar para decidir cuál sería mi marca. Cuando miro hacia atrás en mi experiencia, me doy cuenta de que estaba en el punto de mira de lo que imaginé... excepto que mi visión estaba un poco borrosa en ese momento. Era como mirar a través de un par de botellas de coca; señalando en la dirección correcta, podía ver los colores y el contorno pero seguía ciego como un murciélago.

De todos modos, sabía que quería que la gente creyera y confiara en mí. Sabía que estaba dispuesto a ofrecer sólo lo que creía que era mejor para los demás y no sólo lo que era bueno para mí. Sabía que la calidad de los productos y la información de calidad es lo que la gente realmente busca y yo estaba tratando de satisfacer esa necesidad. Así que cuando empecé a trabajar con un diseñador gráfico y a contarle mis sentimientos sobre mi marca, ella pudo empezar a darme ideas sobre cómo representar esos sentimientos. ¿Quería palabras, o un gráfico, o una mezcla de ambos? Bueno, resultó que mi marca comenzó con sólo un gráfico. Entonces decidí que quería más; quería algo simple, único, y al punto. Quería algo que cada vez que lo veas sepas qué esperar.

Desgraciadamente, mi marca nació y no podría ser más feliz. Mi punto para usted es que necesitará ayuda para establecer su marca y con el diseño de su marca. A menos que usted sea un genio en esto, realmente le sugeriría que subcontratara este proyecto a un profesional en el que pueda confiar.

Ahora quiero que pienses en el negocio que estás construyendo. ¿Qué es lo que quieres que la gente piense de ti? ¿Qué mensaje desea transmitir? Soy el primero en entender que estas preguntas no son fáciles de responder. Podría llevar algún tiempo encontrar la respuesta y está bien. No tienes que tener prisa para responder a esto. Preferiría que no lo hicieras de todos modos porque necesitas tiempo para digerir todo esto y conseguir algo de lo que te sientas cómodo y orgulloso. Así que mantenga el concepto de marca en primera línea de su mente a medida que avanzamos en el resto de los capítulos.

Si usted está encontrando que está dibujando un espacio en blanco con la marca, simplemente déjelo en paz. A medida que empiece a hacer negocios, un día llegará a usted. Todo el mundo lo descubre en diferentes etapas, así que no dejes que esto sea un éxito.

USP

No, no el servicio de entrega de UPS, yo dije USP (propuesta de venta única)!

Además de la marca, hay otro paso necesario para asegurarse de que su negocio se destaque de los demás. Usted necesita hacer que su producto o servicio sea único de alguna manera que proporcione opciones que otros no ofrecen. Pueden ser artículos tangibles como ventas a mitad de precio, concursos, ventas de temporada, regalos o informes.

Si usted no tiene una idea de lo que será su USP, esto es lo que puede hacer para ayudar a determinarla. Consigue un bloc de notas y empieza a escribir las cosas que más sabes hacer. Escriba todas las cosas que se le ocurran; no omita nada aunque le parezca una tontería. Lo que esto le ayudará a decidir es lo que usted tiene para ofrecer de lo que otras personas pueden aprender y de lo que quieren comprar. Por ejemplo, si usted está anotado que sabe cómo limpiar una casa muy bien, puede escribir informes sobre algunos atajos o técnicas especiales que utiliza. Esos informes o consejos pueden tener enlaces de afiliados a productos o servicios que usted respalda. Esto sirve para dos propósitos, para ayudar a construir una lista de suscriptores para usted y ganar algo de dinero extra a través de la comercialización del afiliado. Sin embargo, hay una cosa que usted tiene que investigar primero antes de perder el tiempo y escribir cualquiera de estos informes. Es necesario investigar si existe la necesidad de este tipo de información y si las personas están dispuestas a comprar información relacionada con este tema (más información al respecto más adelante).

El objetivo de la investigación es conocer el funcionamiento de otras empresas que se ocupan del tema de la "limpieza de casas". Usted puede investigar haciendo una búsqueda en Google y leyendo lo que tienen para ofrecer. Usted puede incluso tener que comprar lo que tienen para que usted `realmente' entienda a su competencia. Entonces usted puede escribir lo que separa su negocio de Internet aparte de ellos. Esto puede llevar un tiempo, ya que la comprobación de la USP de su competencia es una parte importante de la estrategia.

Ahora usted querrá escribir tantas frases o frases como pueda sobre lo que separa a su negocio. Una vez más, esto puede tomar días, meses o incluso años, pero realmente vale la pena a largo plazo. Una vez que tengas la frase correcta que te describa y te satisfaga... esa será tu USP, la cual usarás para separarte de toda tu competencia.

Ahora, eso es lo que yo llamo ÚNICO!

Mi estructura "virtual" de ladrillo y mortero

En el momento en que usted está leyendo esto, estoy asumiendo que usted está 100% seguro de que usted está comenzando su propio negocio. Ahora pasaremos a dibujar el contorno de su negocio. Ahora es el momento de construir los cimientos de su edificio "virtual".

Incorporación de mi negocio

¿Debería incorporar su negocio? Bueno, hay muchos tipos de entidades de negocios, pero me reservaré mi conversación para hablar sólo sobre Propietarios Únicos, LLC (Compañía de Responsabilidad Limitada) y Corporaciones. Mi elección personal para este tipo de negocio (marketing en Internet) es una LLC y usted encontrará que la gran mayoría de los vendedores van por esta ruta.

Su elección de la entidad determina la cantidad de impuestos que usted pagará, por lo que esta es una decisión importante y no se debe tomar a la ligera. El propósito de formar una corporación es doble, ahorro de impuestos y protección de activos, de los cuales usted no tiene ninguno si es propietario único. Así que dejemos de lado a esa entidad, la empresa unipersonal, de esta conversación. Cuando escucha la protección de activos, lo que significa es protegerse a sí mismo para que si alguna vez lo demandan, sus activos personales nunca estén en riesgo. Todavía pueden ir tras los activos de su negocio y *eso es lo que es el "límite", y por qué las LLC y las corporaciones están clasificadas como "responsabilidad limitada".*

Esta decisión es una decisión personal que usted debe tomar con su asesor de impuestos. Sí, dije consejero de impuestos y necesitas consultar con uno. Si sus planes son "esperar" hasta que empiece a ganar dinero, entonces esa no es una decisión muy sabia. No puedes retroceder en el tiempo y cubrirte si algo no sale como pensabas. Si de repente, ganaste $50.000 bajo un solo dueño, estás atascado.

33

pagando el impuesto personal sobre ese dinero. Si usted es demandado antes de ser incorporado, sus bienes personales están en juego. No estoy tratando de asustarte, pero estos son sólo los hechos y puedes hacer con ellos lo que quieras.

Como no soy un experto en el campo de los impuestos, lo dirigiré a la Guía de Herramientas de Reducción de Impuestos. Es una guía completa escrita por Wayne Davies, un experto en reducción de impuestos, que tiene más de 20 años ayudando a las pequeñas empresas, a los negocios basados en el hogar y a los individuos que trabajan por cuenta propia a ahorrar dinero en sus impuestos. La guía trata de todo, desde las lagunas fiscales hasta cómo seleccionar la entidad comercial correcta. Él discute la definición de cada tipo de entidad en detalle, las ventajas y desventajas de cada una, los errores fiscales comunes cometidos por los contribuyentes y cómo revisar sus declaraciones de impuestos. Utiliza un lenguaje fácil de entender y ofrece explicaciones detalladas. Le recomiendo encarecidamente que obtenga esto porque le ahorrará 100 veces el precio del libro.

Hay compañías que usted puede encontrar en línea que archivarán todo el papeleo por usted en cualquier estado que usted elija. Sin embargo, Valis International es una de estas compañías; sólo se incorporan para el estado de Delaware. Usted puede vivir en cualquier estado e incorporar su negocio en otro estado, así que no deje que eso sea un obstáculo para usted. Para incorporar en todos los demás estados La Corporación de la Compañía tiene un servicio rápido y un excelente servicio al cliente.

EIN/SSN

Una vez que haya constituido su empresa, puede solicitar un número de identificación del empleador (EIN) para su empresa. Necesitará este número para llevar a cabo muchas funciones comerciales, como abrir una cuenta bancaria comercial. Este número actúa de manera similar a su número de seguro social pero para su uso comercial. La Ley Patriota de los Estados Unidos exige que los bancos obtengan un número de identificación de cada cliente. Si usted ha establecido un negocio este será el EIN, y para las personas que llevan a cabo negocios como propietario único, usted usará su número de seguro social.

El ITIN se sugiere para los clientes que no son de los Estados Unidos y que desean obtener una cuenta bancaria en los Estados Unidos. Información EIN del IRS

Dirección de la empresa

Necesitará establecer una dirección comercial. Podría ser un simple apartado postal, que es el más barato, o encontrar un servicio que alquile su dirección como algunas de las tiendas Mailbox Etc. Estos son considerablemente más caros que el apartado postal. Utilicé uno de estos servicios antes y descubrí que por el dinero que pagué en comparación con el correo que recibí no valía la pena. Un apartado de correos me parece muy bien.

Cuenta bancaria para empresas

Una vez que haya constituido su sociedad, establecido su dirección comercial y su número de identificación del contribuyente, es el momento de abrir su primera cuenta bancaria comercial. Si usted está contento con su institución bancaria actual, yo consultaría primero con ellos para ver qué tipo de cuentas tienen. En este punto, usted quiere obtener una cuenta con lo básico. No hay necesidad de pagar enormes cuotas. Una vez que su negocio esté en pleno funcionamiento, podrá cambiar el tipo de cuenta que tiene para satisfacer sus necesidades. Para los no residentes en EE.UU., Valis International puede establecer y abrir una cuenta bancaria en EE.UU. para su empresa.

Mantenimiento de registros

Mantenga siempre separadas sus transacciones comerciales y personales. No los mezcles a los dos. La exactitud de los registros de negocios es de suma importancia porque cuando usted presenta su declaración de impuestos no quiere que se le plantee ninguna pregunta. Pero, si usted siguió el consejo del libro Tax Reduction Toolkit de Wayne Davies, esto no será un problema.

Como propietario de un negocio, usted necesitará algún tipo de sistema de mantenimiento de registros. Prefiero los programas de software al viejo método del libro de contabilidad de papel y lápiz. Los siguientes programas con los que tengo experiencia personal y avalan todos ellos; la elección depende de ti. De los tres, yo sugeriría dinero de Quicken o de Microsoft. Esto se debe a que estos programas pueden manejar tanto sus finanzas personales como las de su negocio en un solo lugar.

Microsoft Money Home and Business Quicken Home and Business Microsoft accounting express

Legalmente hablando

Proteger su negocio debe ser una de sus prioridades antes de empezar a promocionar y vender sus productos o servicios en línea. Las medidas preventivas ahora le ahorrarán dolores de cabeza y dolores de cabeza en el futuro, específicamente de la FTC. La FTC ha estado tomando medidas enérgicas contra los vendedores de Internet para asegurarse de que estamos siguiendo la letra de la ley. Quieren que cumplamos con la ley. Hay formas legales (Términos de uso, Políticas de privacidad, Renuncias de salarios, etc.) que usted necesita que se muestren en todos sus sitios web. El no tener ninguno de ellos podría resultar en un daño financiero para usted.

Antes de que digas: "Sonja, no tengo suficiente dinero para contratar a un abogado elegante. ¿No hay alguna forma legal estándar que pueda poner mientras tanto?"

Bueno, sí, pero la cuestión es que la ley de Internet es diferente de las leyes relativas a las ventas cara a cara. No hay muchos abogados con experiencia en derecho de Internet que puedan darle los formularios necesarios para hacer negocios en la red sin que usted tenga que sacar una segunda hipoteca. La conclusión es que no quieres

hermano mayor mirando por encima de tu hombro o alguien más simplemente tratando de conseguir un dinero rápido demandándote. Afortunadamente, hay un lugar para nosotros los vendedores del Internet para ir y obtener estos formularios a un precio asequible (menos de $ 100).

Estos formularios pueden ser usados como plantillas y fácilmente duplicados en CADA sitio web que usted cree. Sólo tiene que echar un vistazo a la página web en la que compró este eBook y lo verá en la parte inferior de mi página. Y antes de que te hagas la idea de que puedes copiarlos sin más, hay mucho más que esas palabras que los acompañan, así que no es tan fácil.

Hardware and Software

Basic Equipment

You will need a PC running Windows XP minimum or a Mac for those who favor them. Your PC should be at least a Pentium II and you need storage space in the form of gigs. I have two 200 gig hard drives and a 250 gig backup drive. You don't need this much but I got some good deals on them and that's why I have them. If you happen to be low on space, you can find some good deals now on hard drives. They are not as high as they used to be. I saw an advertisement for a 160GB external hard drive for $50. That's' a fantastic deal so just watch the sales papers and do some searching and you should find a good deal. Besides these external hard drives are just plug and play so installation is a breeze.

You will need a backup source. You cannot afford to loose all of your information. Your backup source should perform this function automatically everyday. I use Genie and have never had any problems with it, and you get a Genie trial here (opens a download window) to see if it you like it.

You *should* have high-speed internet service but depending on the area you live may not be available. If you are using dial up service and have the ability to upgrade to high-speed, do it. You are going to encounter huge files for downloading and having a slow moving modem can be frustrating especially if you loose the connection in the middle of the download. Information is frequently presented in video format and watching it on a dial up will be disappointing to say the least. Okay so what you need is high-speed internet service.

A printer is also a necessity so make sure that you have one. I own a LaserJet and prefer that to the initially cheap inkjet. I say initially because they practically give the inkjet printers away because the cartridges cost so much. The profit is made

38

on the cartridges. Some may argue that the LaserJet is more expensive and the cartridge costs a lot. But I spend $90 bucks twice a year on this LaserJet for cartridges. I know it could cost $90 to buy a set of inkjet cartridges that might last for 6 to 8 weeks. It's your choice but in the end, you will come out cheaper with a LaserJet.

Browsers

A browser is a software application that allows you to surf the net and see nice pretty pictures and text formatted in a neat fashion instead of a unreadable codes. Internet Explorer and Firefox are two of the leading browsers on the net. My favorite of the two is Firefox. Internet Explorer has given me many problems especially with security and for me has proven to be unstable. On the other hand, I think Firefox is a very stable and secure browser that you can customize to your liking with 'add-ins (there are add-ins for IE too) and easily remove or update. I recommend Firefox hands down.

Office Suite Software

The basics you will need in an office suite program is a spreadsheet and word processing application. If you don't already have Microsoft Office, earlier I suggested to you Open Office so if you have not downloaded it please do so now.

PDF Software

You will need Adobe Reader for a vast majority of documents on the net. Get your free copy of Adobe Acrobat Reader here and install it.

Screen Capture/Video Software

You will need some screen capture software and video recording software. Two good free alternatives are infranview for screen capturing and CamStudio for video recording. I have used both and they are very reliable and can suit your needs until you require software that is more advanced. Once you have outgrown these free software utilities I suggest Snag It for screen capture and Camtasia for video recording. As of the beginning of December 2007 Camtasia and SnagIT are being offered for free from Tech Smith. These are not the latest versions but one level behind. I would suggest you download Camtasia and SnagIT immediately because this is an awesome deal. After you download them, go get your Camtasia Key and SnagIt Key to unlock the software. If at the time you read this the free downloads are not available then the offer has expired.

These programs are offered by Tech Smith and by far are the most common and reliable programs available. I will warn you that they are expensive. However, you can profit from the cost of it time and time again depending on how you use it to make money. For example if you create a product and have detailed instructions with both screen shots and video on how to use the product; that adds value and you can sell the product for more than if you didn't have it.

FTP Software

FTP, which stands for file transfer protocol, is a way of exchanging data over the internet. If you are not familiar with FTP and frequent the net, you have used it many times before and just didn't realize it. For example, have you ever downloaded a file from a site and saved it to your hard drive? Well you were using FTP when you did that. There was an exchange of data over the internet.

An FTP site is accessed in the same manner as a website except that instead of typing http://www.mydomain.com in the address bar you would type ftp://ftp.mydomain.com. You setup your FTP in your Cpanel with your hosting service. You can give certain permissions to those files so that only certain people can have access to it. This is what is called password protection. You need to use

un programa de software que le permite transferir fácilmente datos de un lado a otro con Cpanel en su cuenta de alojamiento.

Es realmente fácil de usar el software. Escriba su ubicación ftp en la barra de direcciones. Hay dos ventanas disponibles, una a la derecha y otra a la izquierda. Una ventana es su ventana de Cpanel, y la otra es su disco duro. La navegación es la misma que cuando navega por las carpetas de su disco duro. En cada ventana se navega hasta el directorio desde/hacia el que se desea transferir datos en Cpanel y en el disco duro. Entonces simplemente arrastra y suelta.

Si arrastra desde su disco duro a Cpanel, los archivos serán transferidos o cargados a su Cpanel. Es la misma premisa para la transferencia de Cpanel a su disco duro. Ves, te dije que era muy fácil. Hay un par de programas gratuitos que recomiendo. Al final, dependerá de su preferencia personal, la que prefiera. El primero es SmartFTP. Hay mucha documentación e instrucciones en este caso. Lo único que me molesta de SmartFTP es la pantalla de molestia. Cada vez que lo abres, tienes que hacer clic en una pantalla antes de que te dé acceso. Es porque es una versión gratuita para uso personal y una versión de pago para uso comercial.

El segundo programa es Filezilla. Es un programa simple pero con documentación limitada. Si usted es un principiante, este programa puede darle una ligera dificultad sólo por la falta de documentación. De lo contrario, es un programa excelente para tener. El tercer programa es FireFTP, que es un complemento del navegador de Mozilla. Lo que me gusta de FireFTP es que está integrado en tu navegador, así que no necesitas abrir una aplicación diferente. Compara sus datos entre su Cpanel y su disco duro para saber si faltan archivos. Ahora, esa es una característica realmente genial, especialmente una vez que empiezas a subir mega archivos.

El último programa es CoffeeCup. Si te gusta una buena interfaz con colores, fácil de leer y la cena fácil de configurar, te sugiero esta. Tiene un asistente que le hace todas las preguntas apropiadas para ponerlo en marcha rápidamente.

NoteTab

NoteTab es una versión mucho más amigable y útil del bloc de notas, que viene de serie en un PC con Windows. A diferencia del Bloc de notas, NoteTab permite una mayor flexibilidad al tener varios documentos abiertos dentro del programa. También ofrece formato, creación html, contador de palabras y corrector ortográfico y configuración de impresión, por nombrar sólo algunas de sus opciones. La versión gratuita de NoteTab es adecuada, sin embargo, como experto en marketing, recomiendo NoteTabPro, y el pequeño precio que pagas por él valdrá la pena en tu negocio.

Asistente para Smart Type

¿Tiene datos que escribe una y otra vez? ¿Ha hecho una plantilla de información que recupera cada vez que la necesita? Smart Type Assistant es un programa que le permite crear una o varias palabras clave que, cuando se escriben, sustituyen automáticamente esas palabras con su plantilla. Por ejemplo, si escribo mucho mi número de teléfono puedo configurar una palabra, llamémosla 'teléfono', y tan pronto como escribo 'teléfono' mi número de teléfono real reemplaza automáticamente la palabra 'teléfono'.

Se reemplaza automáticamente en cualquier aplicación en la que se encuentre actualmente. Usted puede configurar muchas palabras de auto-reemplazo para la información que usted escribe en un regular, y también tiene algunas otras características muy interesantes que usted puede comprobar en su sitio web. Smart Type Assistant es una herramienta de ahorro de tiempo que utilizo a diario. Como vendedor del Internet, usted también tendrá que invertir en herramientas para ahorrar tiempo. Puede descargar una versión de prueba gratuita aquí para ver si le gusta.

Direcciones de correo electrónico

Hablemos de las direcciones de correo electrónico. Las direcciones de correo electrónico también lo representan a usted y a su marca. Deberías usar un poco de sentido común cuando crees tus direcciones de correo electrónico. Una vez que haya configurado su nombre de dominio, puede crear direcciones de correo electrónico personalizadas para su dominio.

Hablemos de lo que se debe y lo que no se debe hacer. No utilice direcciones de correo electrónico como:

getrichovernight@yahoo.com

heart2heart@hotmail.com

Estos gritan como aficionados y poco profesionales. Estos tipos de direcciones de correo electrónico están bien para uso personal, pero no las utilice para comunicarse con sus clientes.

Usted debe utilizar las direcciones de correo electrónico de su dominio establecido. Cree direcciones de correo electrónico como: jane@mydomain.com

abuse@mydomain.com

admin@mydomain.com

¿Ves cuánto mejor se ven estas direcciones de correo electrónico para uso comercial en comparación con las otras mencionadas anteriormente? Seguir este paso le ayudará a crear una imagen profesional sobre usted, su marca y su negocio.

Software ZIP

Al transferir y recibir un archivo de datos, existe la necesidad de comprimir o comprimir los datos a un tamaño más pequeño para una transferencia más rápida. Necesitará tener instalado este software para su uso diario. Casi todos los datos que usted recibe o envía hoy en día están en formato ZIP. Es una pieza de software simple de aprender.

Si aún no tienes un programa ZIP instalado, CoffeeCup es un programa gratuito y súper fácil de usar. Simplemente descárguelo, instálelo y siga las instrucciones.

Jag~Aspirina

¿Qué es una Jag~aspirina?

Al hacer su investigación de mercado para encontrar su nicho, usted necesita encontrar una aspirina Jag~aspirina.

Cuando nos duelen la cabeza o el cuerpo, tomamos una aspirina. Estamos buscando activamente una solución y estamos dispuestos a pagar lo que sea para aliviar el dolor. El Jag Coupé es uno de los coches más dulces de su clase y cuesta bastante dinero, PERO, ¿necesita alguien un Jaguar? No.

Su objetivo principal es ser un símbolo de estatus. A la mayoría de la gente le encantaría ver la cara de su vecino mientras se asoman alrededor de las cortinas y le ven entrar en la entrada de su casa con su nuevo Jaguar. Eso es un DESEO y mucha gente pagará muy caro por sus deseos.

Estás buscando el Jaguar, que es ese profundo deseo de lo que ellos quieren; y usando la aspirina, que es tu producto o servicio para sanar ese deseo porque es por eso que ellos comprarán...

Después de encontrar el Jag~Asprin en su nicho de mercado, tendrá éxito con muy poco esfuerzo.

Sus funciones en su negocio

Hemos cubierto muchas tareas que usted tendrá que hacer para poner en marcha su negocio. Usted puede hacerles frente uno a uno y tomárselo con calma porque está en la fase de aprendizaje. Usted debe tratar de absorber esta información para que no sólo entienda cómo hacerlo, sino también por qué hacerlo.

Por ahora debe ver que usted tiene muchos sombreros que usar para manejar su negocio:

-Tomador único de decisiones

- Contador

- Letrado

- Especialista en TI

 - Director de Ventas y Marketing

 - Diseñador Gráfico

 - Web Master

- Investigador

- Investigador

Whew! Esos son realmente muchos sombreros y son todos míos? Sí, lo son, y son necesarios para su negocio. Cada uno de esos papeles, si no los hace usted, perjudicaría su negocio al no hacerlo. Cuando empieces a tener más éxito, te darás cuenta de que estos roles y tareas se están volviendo engorrosos y no tienes suficiente tiempo para hacerlos todos. En este momento, si usted aprende los roles y lo que se requiere de ellos, esto le ayudará en el futuro. Esto se debe a que tendrá que aprender a subcontratar algunas de sus tareas y proyectos. Eres una sola persona, probablemente trabajando a tiempo completo como yo, y trabajando lo más difícil que pueda para que su negocio alcance su meta financiera. Si sigues desempeñando todas estas funciones, te convertirás en un "maestro de todos los oficios y un maestro de ninguno". Usted no habrá desarrollado la experiencia en el área que le corresponde.

También perderá mucho tiempo y de una manera u otra incurrirá en los mismos gastos que si simplemente hubiera subcontratado una tarea. Permítanme darles un ejemplo de lo que quiero decir. Estaba tratando de crear algunos gráficos para uno de mis productos en los que estaba trabajando. Me tambaleé con estos gráficos durante casi un mes. No podía hacer que parecieran que yo quería que lo hicieran. Busqué respuestas, investigué en los foros y traté de reunir la mayor cantidad de información posible sobre estos gráficos. Bueno, estaba hablando con un amigo y les conté sobre el dilema que estaba teniendo, y me preguntó: "¿Por qué no lo subcontratas, conozco a un diseñador gráfico muy bueno?"

Hmmm, pensé que no tengo dinero para pagarle a un diseñador gráfico. Mi amigo me dijo que me pasara un mes más tratando de averiguar qué hacer. Entonces empecé a pensar, ya he perdido un mes y no he llegado a ninguna parte. ¿Qué puedo perder si no consigo un presupuesto? Así que me mordí la bala y contacté con el diseñador gráfico. Me cotizaron $100 y un plazo de entrega de dos días porque ella estaba trabajando en otro proyecto. Bueno, salté sobre eso inmediatamente.

Terminé recuperando los gráficos al día siguiente en lugar de dos días. Piensa en el dinero que perdí por no hacer esto antes. ¿Cuánto dinero podría haber ganado si hubiera subcontratado esto antes? Usted necesita entender cómo y cuándo la externalización le beneficiará. No tiene que ser una situación que asuste o que muerda las uñas. Sólo necesitas aprender sobre ello como has aprendido sobre todo lo demás. Un gran libro para leer sobre esto si usted decide seguir con esto es "Outsourcing Survival Kit".

Registro de su dominio y cuenta de hosting

Cómo elegir el nombre y el dominio de su empresa

Elegir su negocio y los nombres de dominio es una de las partes más divertidas de la planificación de su plan de negocio en línea. También es uno de los pasos más importantes para crear su propia marca y la de sus productos. Su nombre de dominio es la dirección web o URL que sus visitantes escribirán en la barra de direcciones. El nombre de su negocio, por otro lado, no entrará en juego tanto porque usted va a ser reconocido por su marca, nombre o sitio web. Decida antes de registrar cualquier nombre de dominio qué imagen o marca desea proyectar en su negocio en línea.

Si usted está teniendo problemas para decidir sobre una marca, sólo tiene que utilizar su nombre para el dominio.

Por ejemplo, www.JohnDoe.com. Debería registrar este dominio de todos modos.

Registré mi nombre con un punto com, punto net y punto name. También registré las mismas extensiones con guiones, por ejemplo www.John-Doe.com Lo hice así porque no quiero que nadie se aproveche de mi dominio cuando se convierta en un éxito total.

Intente seleccionar un nombre de dominio que sea memorable. Tratar de encontrar un nombre que sea fácil de recordar y que tenga una o dos palabras que sean fáciles de escribir puede ser bastante difícil. Muchos de estos dominios ya han sido tomados. Tendrá que ser creativo para crear uno o dos dominios de nombre. Después de encontrar uno que usted piensa que será feliz con, pregunte a sus socios si suena pegajoso ANTES de registrarlo.

Algunos consejos a tener en cuenta son que cuando la gente piensa en sitios, siempre escribe un punto com. Así que selecciona tu dominio con extensiones punto com. También puede registrar las otras extensiones (dot net, dot biz, etc) para que no se aprovechen de usted más tarde.

Durante el proceso de registro, se le preguntará sobre el registro privado por un cargo extra. Este servicio protege su identidad de las miradas indiscretas de otros. Puede ser bastante caro añadir esto porque la tarifa es de aproximadamente $9.00 por dominio. Si usted está registrando 5 dominios eso sería un extra de $45 dólares. Esa opción depende de usted, pero si tiene una dirección comercial, puede usarla en lugar de la dirección de su casa.

También te sugiero que registres la versión con guión de tu dominio. Por ejemplo, me registré en www.HowCanILearnAboutThis.com y www.How-Can-ILearn-About-This.com Por un extra de $7 - $10 al año para el registro, recomiendo este método porque la primera vez que usted crea un producto ganador, los vendedores experimentados saltarán rápidamente en un dominio abierto estrechamente relacionado. Esto significaría una venta fácil para ellos si un cliente escribe accidentalmente en el dominio equivocado.

Donde aterrizas en las páginas amarillas....

Tanto los nombres comerciales en línea como los de ladrillo y mortero aparecen en orden alfabético. Muchos directorios y páginas de enlaces colocan los sitios web en orden alfabético al igual que las guías telefónicas listan los negocios. No trates de llegar a la cima poniendo una A en el nombre. Si tu nombre de dominio es widget.com, no llegarás a la cima diciendo que el nombre de tu empresa es "A Widget". Los motores de búsqueda son demasiado sofisticados para ese truco.

Ahora está listo para poner en marcha su dominio. Por ahora, usted debe tener una idea de lo que quiere que sea su nombre de dominio. Pero si todavía no hay decisión, vamos a ir con tu nombre. Registrar un dominio es como comprar un inmueble en Internet. Usted obtiene su propia dirección y nadie puede quitarle la tierra siempre y cuando la pague anualmente. Después de comprar el inmueble, necesita construir una casa en él.

El hospedaje es lo que es la casa. Una cuenta de hosting le permite personalizar la construcción de su casa. Los directorios son todas las habitaciones principales de su casa. Las carpetas son todos los elementos que le ayudan a organizar lo que hay en el directorio. Por ejemplo, tienes un directorio llamado cocina, y dentro de él tienes algunas carpetas llamadas armario, utensilios, despensa y refrigerador. En la carpeta del armario tienes platos y tazones, en la carpeta de utensilios tienes tenedores, cuchillos y cucharas, en la despensa tienes grapas, en el refrigerador tienes leche, huevos y quesos. Estas carpetas le facilitan la selección rápida de los elementos que necesita. Si no tuvieras estas carpetas, cuando entraras a la cocina todo estaría por todas partes porque no hay organización.

Usted puede elegir las habitaciones, que son las carpetas y directorios. Usted puede elegir los colores de las habitaciones, que son los nombres de esas carpetas y directorios. Usted puede bloquear algunas de esas habitaciones con una llave para que nadie pueda entrar, excepto usted, que es la contraseña de protección de las carpetas y directorios. Usted tiene control total sobre su hosting (casa).

Usted controla todo esto a través de lo que llamamos "Cpanel". Esto suele ser lo primero que ves cuando te conectas. Al iniciar sesión, escriba su nombre de dominio y la designación que le proporcione su proveedor de alojamiento. Mi proveedor simplemente lo llama Cpanel. Por lo tanto, debe iniciar sesión en www.mydomain.com/cpanel Introduce un nombre de usuario y una contraseña y la primera pantalla que verás será Cpanel.

Cpanel es la cabina de su casa. Desde aquí es donde se toma todo el control. Puedes crear direcciones de correo electrónico, reenviar tu dominio a otro dominio, configurar blogs, añadir usuarios, etc. Esto es sólo la punta del iceberg, pero no quiero abrumarte porque necesitas aprender lo básico antes de aprender habilidades avanzadas.

Cuando usted compra su dominio, tiene la opción de comprar el hosting en otro lugar. No es necesario que compre su dominio y alojamiento desde el mismo lugar. En otras palabras, usted puede comprar su terreno de una compañía y seleccionar otra compañía para que le ayude a construir su casa. Si compra estos dos por separado, tiene que apuntar su dominio al servidor de cuentas de hosting. Esto se hace por medio de la configuración de sus servidores de nombres. Es fácil de hacer y no debería suponer ningún problema para usted. Sólo tienes que iniciar sesión en el lugar donde compraste tu dominio y escribir algo de texto en un campo y listo.

Para comprar su dominio le sugiero The Internet Company y para su servicio de alojamiento, le sugiero Turbo Hosting. Ambos servicios se ofrecen gratuitamente en un paquete del que le hablaré más adelante. Utilizo ambos servicios para todas mis necesidades. Ellos han proporcionado un excelente servicio al cliente y su sistema ha funcionado como un encanto. Nunca he tenido ningún tiempo de inactividad o problemas con su servidor y cualquier solicitud de ayuda ha sido respondida con prontitud. Además, no es mucho pedir, pero no se obtiene de muchos proveedores.

Todos los servicios de alojamiento fiables deben proporcionar documentación e instrucciones sobre el uso de su sistema. Todos son básicamente iguales, excepto que la interfaz puede `aparecer' de forma diferente.

Un último consejo sobre el hosting. NO busque un servicio gratuito. A veces gratis es genial, pero no con algo tan crítico como el hosting. Puedes hacer lo que quieras pero

has sido advertido. Lo barato o gratis puede salir MUY caro a veces.

Construyendo Su Sitio Web

Software

Ahora está listo para empezar a construir su sitio web. La construcción de un sitio web implica el uso de planificación avanzada, redacción de textos, edición, gráficos, un editor html, etc. Me encantaría poder explicarle `construir su sitio web' en sólo unos pocos párrafos, pero necesita una formación concentrada que yo no puedo proporcionarle. No soy un profesional pero puedo construir mi propio sitio de aspecto decente. En este negocio, no quieres un sitio decente, quieres lo mejor. No puedo proporcionarle personalmente el proceso paso a paso - usted no lo querría de mí de todos modos.

Afortunadamente, existe un programa gratuito de creación de sitios web que no sólo le ofrece el software gratuito, sino también vídeos y un completo manual de instrucciones para guiarle. Ve allí, descárgalo todo y mira los videos. Después de ver los videos y seguir las instrucciones, podrás construir tu primer sitio. Te alegrarás de que te diera este recurso.

Software gratuito de creación de sitios web

Autorespondedores

Un autoresponder es un programa que envía automáticamente un mensaje preescrito o una serie de mensajes a cualquier persona que envíe su dirección de correo electrónico a su respondedor. Cualquiera = Sus clientes. Puede utilizar este servicio para mantenerse en contacto con sus clientes enviando boletines de noticias de forma regular o difundiendo noticias importantes. Este es el CORAZÓN de su negocio. NO vaya con un servicio gratuito. Una vez más, este es uno de los servicios que usted no puede obtener de forma gratuita si planea estar en este negocio a largo plazo.

Hay dos actores principales en esta área, que son Aweber y GetResponse. Si utiliza cualquiera de estos servicios, podrá integrar fácilmente sus formularios en sus sitios web. Habrá mucha ayuda disponible para ti si encuentras un problema al usar cualquiera de estas dos opciones. Mi elección personal es Aweber porque me gusta la interfaz y la facilidad de uso.

Procesadores de pagos

También hay dos actores importantes en este ámbito. Son Paypal y 2CO. Quiero decir, vamos, ¿cuánta gente nunca ha oído hablar de Paypal? Incluso mi tío de 70 años sabe de Pinpal como él lo llama (no puedo decirle que está equivocado). La gente está muy familiarizada con estos procesadores y se integran fácilmente en cualquier sitio web que usted esté alojando.

2CO cobra un cargo de $49.95 por configurar tu cuenta y Paypal es gratis. Hay una advertencia con Paypal. No puedes realizar ninguna actividad relacionada con el marketing multinivel, y si se enteran de que lo estás haciendo, congelarán tu cuenta y te quitarán el dinero.

Asegúrese de leer los términos y condiciones, y asegúrese de entender lo que puede y no puede hacer. El TurboCommunity.com es un gran lugar para ir y hacer cualquier pregunta relacionada con esto.

Boletín de noticias

Muy, muy importante! El propósito de tener su propio boletín informativo es construir una base de suscriptores de futuros clientes leales. Después de aprender a construir un sitio web, quiero que inmediatamente cree una página para suscribirse al boletín. Necesitará crear un autocontestador para su boletín de noticias e insertar un formulario de suscripción.

en su boletín para que los visitantes puedan suscribirse. Quieres escribir sobre ti mismo y sobre cualquier noticia o evento que ocurra en el negocio.

También puede crear una línea de firma para sus correos electrónicos con un enlace a su boletín. Cuando vayas a chatear en los foros, asegúrate de que también tienes firma en los foros para que puedas conseguir suscriptores desde allí. Usted debe publicar su boletín de noticias semanalmente en un horario regular para que sus suscriptores se acostumbren a ver los correos electrónicos de usted. Esta es una de las razones por las que te dije que te asegures de que recibas Aweber o Getresponse por tu autocontestador, y no uno gratis. Una vez más, esta parte será una de las líneas de vida de su negocio.

Usted debe asegurarse de proporcionar contenido de calidad, asegurarse de que su gramática es buena, y por favor realice un corrector ortográfico antes de enviarlo. Léalo en voz alta antes de enviarlo también porque nuestros ojos no siempre lo captan todo. Si no suena bien al leer en voz alta, tampoco se verá bien al leerlo.

Como mencioné anteriormente hay diferentes sectores, o áreas, de la comercialización del Internet para empezar. Sobre la base de la cifra en dólares que tenga disponible en el ejercicio de presupuestación, podemos decidir cuál es la que mejor se ajusta a su escenario. Lo que te estoy sugiriendo son áreas en las que puedes empezar fácilmente y mojar tus pies. No se trata en absoluto de una lista exhaustiva, pero son más comunes y sin duda más fáciles de empezar que en otros ámbitos no mencionados. La información es fácilmente localizable sobre estos temas y usted puede empezar a ver rápidamente algunos resultados.

Comercialización de artículos

La comercialización del artículo está escribiendo artículos sobre diferentes temas para su publicación en revistas electrónicas (ezines) que empezarán a ponerlo en el mapa. La gente está hambrienta de contenido. El contenido es la jerga del marketing en Internet que describe información original que no se encuentra en otras partes de la red en duplicación masiva. Si eres un buen escritor, puedes escribir para otros. Siempre hay una demanda de escritores de buena calidad. No intentes engañar a nadie reescribiendo otro artículo. Hay herramientas aquí que pueden detectar eso fácilmente. Su reputación es una apuesta y arruinarla NO es una opción.

Una de las mayores ventajas de la escritura de artículos es que puede empezar a construir vínculos de retroceso. Los vínculos de retroceso son vínculos a su sitio desde otros sitios y ayudan a determinar su clasificación de popularidad. Tu nivel de popularidad determina dónde apareces en los motores de búsqueda. Cuanto más alta sea su calificación, más alto estará en la lista cuando alguien busque contenido relacionado con su sitio.

Cuando escribas tu artículo y antes de publicarlo, incluirás tu caja de recursos. Una caja de recursos es una publicidad sobre ti en la que la gente puede hacer clic para obtener más información sobre lo que tienes para ofrecer. Este es sólo uno de los muchos procesos utilizados para crear vínculos de retroceso. Estoy seguro de que mucha de esta terminología es extraña para ti, así que te proporcionaré recursos para ayudarte a encontrar más información.

El gasto en esta área es mínimo para empezar. Las habilidades que usted necesita son investigación básica, investigación y escritura. Hay tanta información disponible sobre la comercialización del artículo que no voy a cubrir todos los aspectos aquí. La comercialización del artículo es un sector muy seguro para empezar y poner a prueba sus habilidades de escritura.

Bum Marketing

Bum Marketing Explained

GoArticles

Adsense

Google Adsense es un programa que coloca anuncios basados en texto o imagen en su sitio web con su permiso. Cuando los visitantes encuentran su sitio y hacen clic en uno de esos anuncios, se le paga por esos clics. Por lo general, estos sitios web se construyen en torno a temas específicos como vacaciones, golf, citas, etc, lo que los consumidores están interesados en. La razón por la que usted construye sitios separados es que usted no quiere quitar el tráfico de su sitio que usted está promoviendo. Otro tren de pensamiento a esto es seguir adelante y poner adsense en sus sitios de productos porque si usted no hace una venta de su producto hay una posibilidad de que usted todavía ganará de los clics. Es una decisión personal que puedes tomar, pero yo no lo haría.

Las ganancias de Google se calculan sobre una combinación de coste por clic (CPC) y anuncios mostrados por mil (CPM). Este programa es gratuito porque los anunciantes pagan a Google por la publicidad y luego Google le paga a usted. Para empezar a utilizar Google, todo lo que tiene que hacer es registrarse aquí. Una vez que esté inscrito, deberá obtener un código suministrado por Google. Usted entonces pondrá el código en cada uno de sus sitios web para que los clics le sean debidamente acreditados. Google emite los pagos mensualmente mediante cheque o depósito directo en su cuenta bancaria.

Marketing de Afiliados

La comercialización del afiliado es simplemente la promoción de un producto en el que usted es recompensado por cada visitante, suscriptor, cliente, y / o venta que usted inicia. Su pago se basa en un valor determinado para cada visitante (pago por clic), nuevo cliente (pago por cliente potencial), venta que suele ser un porcentaje del artículo vendido (pago por venta o participación en los ingresos) o puede ser una combinación de cualquiera de estos.

Las empresas utilizan el marketing de afiliación porque no hay ningún gasto por su parte para la promoción de sus productos. Muchas empresas en línea deben mucho de su crecimiento y éxito a los vendedores del afiliado. Ser un vendedor del afiliado no cuesta mucho para establecer.

De hecho, voy a asumir que ya que usted ha comprado mi eBook y lo está leyendo, usted tiene todo lo que se necesita para convertirse en un vendedor afiliado.

Normalmente es gratis unirse a un programa de afiliados. Todos los costos de instalación y envío deben ser pagados por la persona o empresa para la que se está vendiendo el producto. No debería ser necesario que usted compre por adelantado ningún producto y lo almacene en su casa. Si te encuentras con este tipo de programa de afiliados, corre. Hay demasiados otros programas excelentes para elegir que tener que lidiar con este tipo de programas.

Una de las mejores cosas acerca de la comercialización del afiliado es que usted puede realmente hacer dinero mientras duerme. Otra ventaja es que si el producto que está promocionando no está ganando dinero, puede simplemente tirarlo y pasar al siguiente. No hay ningún contrato a largo plazo que lo obligue a vender un producto; por lo tanto, su riesgo es mínimo.

La comercialización del afiliado tiene un gran potencial para ganar un alto ingreso. Pero como con cualquier otra cosa, realmente depende de cuánto lo desee y cuánto esté dispuesto a invertir en la promoción de los productos que está vendiendo.

Uno de los mejores programas de afiliados para unirse es Turbo Affiliates. Turbo Affiliates paga una comisión del 50% y tiene más de 100 productos de demanda para promover. Este programa es tan avanzado que usted puede promover los productos sin tener un sitio web todavía. Todos estos son productos únicos y no los mismos productos que usted está acostumbrado a ver. Y lo mejor de todo es que si decide actualizar, su comisión sube hasta el 95% sobre unos 60 productos. Si necesita ayuda, tienen un excelente servicio de asistencia técnica. Sólo tiene que registrar un ticket y la ayuda está en camino. Vaya a Turbo Affiliates ahora y regístrese para obtener su cuenta gratuita.

Un segundo programa para unirse es Clickbank. También es uno de los programas más fáciles para empezar y se incluye en la parte superior de la mayoría de las listas de los vendedores del afiliado. Las comisiones de los bancos de clics varían según el producto. Sea selectivo sobre qué producto decide promocionar, y no elija un producto que le pague menos del 50% de comisión. Vaya a Clickbank ahora y regístrese para obtener su cuenta gratuita.

Comercialización de nichos

La comercialización de nichos son mercados más pequeños dentro de un mercado más grande de clientes altamente segmentados que buscan un producto o servicio y están dispuestos a pagar por él. Lea esta última parte de nuevo con mucho cuidado, porque esa será la clave de su éxito en el marketing de nicho. A menos que esas dos combinaciones se cumplan, no hay un nicho de mercado rentable. Usted no puede tener una parte (gente interesada en un producto/servicio) pero la gente no está dispuesta a comprar.

Por ejemplo, los coches y los automóviles son un mercado enorme y para los pequeños empresarios como nosotros sería difícil entrar en él. La competencia es alta en este mercado y las grandes empresas tienen cuentas bancarias sin fondo para luchar por los primeros puestos en los buscadores. Por lo tanto, lo que hay que hacer es buscar un segmento más pequeño de ese mercado. Así que en lugar de coches y automóviles puede encontrar un mercado de corbetas antiguas. Y luego investigas ese mercado y encuentras que hay dueños de corbetas antiguas que están buscando calendarios con una corbeta diferente cada mes (sólo un ejemplo, nunca investigué esto), y están dispuestos a pagar por ello. Boom, ahí está su mercado, así que ahora es el momento de encontrar a alguien que pueda producir y enviarlos por usted. Y no te quedes ahí, si les interesan los calendarios, puede que les interesen las tazas, los bolígrafos, las alfombrillas de ratón y otras ideas que se te ocurran.

A menudo, cuando se descubren estos mercados objetivo, se puede ganar mucho dinero proporcionando el producto o servicio a ese grupo selecto de personas. Una vez que haya descubierto un nicho y configurado el mantenimiento, la promoción y las ventas en piloto automático, usted sigue adelante, encuentra otro nicho y repite el proceso. Descubrir nichos ocultos es un tema en sí mismo que me parece más intrigante, especialmente si te gusta el trabajo de tipo investigativo. El marketing de nicho no es fácil, pero definitivamente vale la pena el esfuerzo porque el resultado puede ser extraordinario ~ el mercado de hacer dinero o de negocios en casa no es el único mercado en el que se puede capitalizar.

Si usted está interesado en esta área, Cracking The Niche Code es un excelente lugar para comenzar a aprender. Encontrarás pasos de bebé fáciles de entender en el proceso de búsqueda de nichos.

Su objetivo final ~ Crear sus propios productos

Si no estabas pensando en esto todavía, está bien. Pero asegúrate de que esté en tu plan. La creación de sus propios productos es la forma en que finalmente tendrá éxito en este negocio. ¿Recuerdas que te dije que siguieras el camino de los que están donde tú quieres estar? Si los miras de cerca, te garantizo que tendrán esto en común. Todos ellos tienen sus propios productos.

Probablemente comenzaron siendo afiliados, pero se dieron cuenta de dónde estaba poniendo sus huevos de oro la gallina de los huevos de oro. La oca crea sus huevos de oro y los pone en su propio nido. Debes crear tu propio producto para que puedas mantener tus huevos de oro en tu propio nido. Antes de que empieces a pensar que no puedes crear tu propio producto, o que no tienes el dinero. Quiero que le eches un buen vistazo a este eBook. Este es un producto que yo creé. No se necesitó dinero extra para crearlo. Ya tenía todas las herramientas necesarias en mi arsenal. Lo único que se invirtió fue mi tiempo personal. Así que quítate esa tontería de la cabeza.

Si yo creé un producto, tú también puedes. Tome el control sobre la dirección y el destino de su negocio y considere seriamente la creación de sus propios productos.

Confíe en las personas - Aún mejor, obtenga un maestro para sus respuestas

Una gran persona con quien alinearse es un mentor. Tengo un mentor y tengo que decirles que ha sido una experiencia que me ha abierto los ojos. Un mentor calificado debe ser una meta suya y un peldaño hacia el éxito. Confía en mí, se pagará por sí mismo muchas veces.

Si alguna vez has considerado trabajar con un mentor, echa un vistazo a John Delavera. Sólo tienes que ir a ver su sitio ahora y verás el talento y el vasto conocimiento que este hombre tiene en esta industria. Es un inventor, un escritor, un profesor, un pionero en esta industria, un hombre lleno de ideas y un amigo.

John Delavera, un maestro y pionero en la industria del marketing en Internet le da una máquina de dinero con todas las partes dispuestas para que usted pueda imprimir el dinero que desee. Todo lo que se requiere de usted es juntar las partes y conducir la máquina.

Si usted siente que no está listo para una tutoría, entonces considere unirse a John's TurboMembership que es una especie de "tutoría de grupo".

Las personas que han llegado a donde usted quiere ir son las personas que deben aconsejarle en su camino hacia el éxito. He aprendido secretos internos y consejos que me han ayudado a construir mi negocio y a separarme del resto. Este es un consejo clave que debe tener en cuenta, la diferenciación. Algunas de las cosas que he aprendido las habría descubierto yo mismo, más adelante, pero la gran mayoría de la información que he aprendido viene de Juan y sus enseñanzas.

Permítame mostrarle lo que puede obtener de su membresía cada mes:

Membresía afiliada pagando el 95% de comisión de hosting gratuito y scripts preinstalados John Delavera al alcance de tu mano para responder a tus preguntas. Todo lo que tienes que hacer es escribir una pregunta en el foro y ÉL te responderá. Fantasos - La mejor suite de administración en línea para controlar sus productos, ventas, afiliados, ofertas especiales, asociaciones de empresas conjuntas y casi todo lo demás. Aweber Autoresponder Ebooks mensual w/PLR o derechos de reventa Scripts de software mensual w/PLR o derechos de reventa Único PLR Artículos únicos PLR mensual 5 Plantillas únicas de sitio web mensual w/PLR derechos de membresía en el software Oro w/PLR derechos de White Knight Protector - automáticamente protege todos y cada uno de sus propios software y libros electrónicos que usted vende contra el robo, piratería y trampas de reembolso Palabras clave de nicho de fabricación de dinero mensual - 4 juegos (800 palabras clave mínimas cada uno) Toneladas de otros miembros y productos de la Comunidad Turbo - Una comunidad activa donde usted puede obtener respuestas detalladas a sus preguntas.

Cada una de las categorías anteriores es un producto rentable con derechos de préstamo público o de reventa. Lo que significa que usted puede tomarlos, rehacerlos un poco, agregarles valor y empaquetarlos para que usted los venda y se quede con todas las ganancias. Prácticamente todo lo que se discutió en este eBook que usted necesitará para construir su negocio, John lo ha puesto a su disposición en su TurboMembership.

Si decides que quieres trabajar con Nichos, él lo ha puesto a tu disposición. Incluso ha investigado palabras clave rentables para esos nichos, lo que le ahorra mucho dinero y mucho tiempo. Usted obtiene artículos únicos que puede utilizar para el contenido de sus blogs. Recuerde que el derecho de préstamo público debe reescribirse con sus propias palabras. No cometa el error de publicar el PLR en el mismo formato en el que lo tiene. Usted puede aprender más sobre cómo trabajar con PLR para maximizar sus ganancias en TurboMembership. Incluso puedes publicar tus propios eBooks. Usted puede utilizar casi cualquiera de los artículos o eBooks y convertirlos en su propio autoresponder. Él ha incluido los sitios de ganar dinero que usted anuncia su adsense de Google, Amazon, Clickbank, Commission Junction, etc. ID de afiliados, y luego sólo tiene que subir el sitio web. Hay tantos flujos de ingresos disponibles para usted de TurboMembership que la única limitación que tiene está en su mente.

Incluso está incluyendo una cuenta alojada de su producto estrella, Fantasos, que probablemente hayas visto en acción pero que no sabías de qué se trata. Fantasos es un poderoso script orientado a la Centralización de su negocio. Todo lo esencial para la gestión de su negocio ubicado en un solo lugar de forma organizada. Le ayuda a proporcionar un excelente servicio al cliente, proteger sus enlaces de descarga para que los ladrones no puedan robarle, inscriba a sus afiliados y se encargue de muchas de sus tareas administrativas, por nombrar sólo algunas. En esencia, agiliza todo su negocio, ahorrándole tiempo y dinero. Y esto se consigue sólo por ser un TurboMember. Ve a ver cómo es la membresía Turbo y verás lo que piensas!

Conclusión

Espero que para el momento en que llegue a esta página se ha convertido en el cristal claro lo que necesita para establecer y ejecutar su negocio de marketing en Internet. También espero que se asegure de aprovechar lo que ha aprendido aquí. Sin embargo, también hay una cosa clave que debe tener lugar antes de que se pueda hacer nada de esto. ¿Se te ocurrió mientras leías este eBook?

Lo dije una y otra vez a lo largo de este libro y fue una de las principales razones por las que puedo escribirles estas palabras hoy. ¿Ya lo has averiguado? Bueno, te contaré el secreto. Se llamaba ACTION. Tomé medidas y corrí con ello. Pero no pienses que yo empecé así.

Confía en mí, he hecho todo lo que he escrito aquí.

Me senté sin hacer nada más que leer y comprar el siguiente producto más grande que iba a hacer todo super fácil y amigable; y hacerme rico. Sí, cometí todos esos errores y ahora puedo hablarte de ellos para que no tengas que cometerlos. Si no sacas nada más que una cosa de esto: DEBES TOMAR MEDIDAS.

Nada, nada, nada, nada pasará por ti hasta que tomes medidas. El éxito no llegará a su camino a menos que se tomen medidas. No puedes empezar a darte cuenta de la satisfacción del logro que sentirás cuando finalmente tomes acción. Te imploro que tomes lo que has leído y empieces a construir tu negocio.

No estoy en lo más mínimo tratando de insinuar que es tan fácil como un pastel. De hecho, tropecé seriamente en el camino tratando de poner en orden mi negocio. Sin embargo, los consejos que he dado aquí deberían reducir significativamente tu curva de aprendizaje, pero sólo si los usas. Así que vuelve al principio, ponte tu sombrero para pensar y actúa!

P.D. Estén atentos a la segunda edición que saldrá pronto.

www.ingramcontent.com/pod-product-compliance
Lightning Source LLC
Chambersburg PA
CBHW020611220526
45463CB00006B/2544